GRAN CANARIA

EDICIONES A.M.

Die vollständige oder teilweise wiedergabe dieses buchs ist untersagt.
All rechte Vorbehalten.
© **EDICIONES A.M.** ANDRÉS MURILLO S.L. www.edicionesam.com
Telefs.: +34 928 919 845
Fax: +34 928 919 841
Layout: ANDRÉS MURILLO S.L.
Text: A Murillo
Fotos: A. Murillo, José Barea, B. Cedres und Sioux City (p. 41)
D. L.: GC 526-2016
ISBN: 978-84-95822-15-4
Fotomechanik: ANDRÉS MURILLO S.L.
Druck: Gráficas Monterreina S.L.U.

Gran Canaria

Gran Canaria ist neben Teneriffa, La Palma, La Gomera, Fuerteventura, El Hierro und Lanzarote eine der sieben großen Inseln des kanarischen Archipels. Sie ist hinsichtlich ihrer Fläche von 1.532 km^2 die drittgrößte, einwohnerstärkste Insel. Der höchste Punkt ist der 1.949 m hohe Berg 'Pozo de las Nieves'.

Die Kanarischen Inseln, die zu Spanien gehören, ragen 100 km entfernt von der marokkanischen Küste und 1000 km entfernt von der Iberischen Halbinsel aus den tiefen Gewässern des Atlantischen Ozeans hervor.

Obwohl die Legende die Kanarischen Inseln mit Atlantis in einen Zusammenhang bringt, scheint es wohl eher der Wahrheit zu entsprechen, daß sie das Ergebnis vulkanischer Aktivitäten sind, die im Tertiär ihren Ursprung haben. Der letzte Vulkanausbruch (Teneguía-Vulkan) fand im Jahre 1971 auf La Palma statt.

Gran Canaria, auch "Kontinent in kleinem Maßstab" genannt, bietet uns aufgrund seiner heruntergekommenen Landwirtschaft unerkundete Gegenden, grünes Ackerland zwischen Bananenplantagen, Forstwälder neben Obstbäumen und Gesteinslandschaften neben ausgedehntenStränden mit goldfarbenen Sand Gemeinsam mit dem außergewöhnlichen Klima eines ewigen Frühlings wird soder während gesamten Jahres bestehende Strom von Touristen verständlich.

Geschichte

Die Kanarischen Inseln, deren Name sicherlich auf die im Altertum zahlreich vorhandenen Hunde (can) zurückgeht, haben eine Geschichte, in der sich Wirklichkeit unt Legende miteinander vermischen, denn die Inseln befanden sich jenseits der Saule der Säule des Herkules, mit anderen Worten, am Ende der bekannten Welt.

Die "Hesperiden" oder "elysäischen Gefilde" wie man im Altertum diese Inselgruppe nannte, waren von großen, blauäugigen und blonden cromagnoiden Menschen bevölkert, die sich später mit anderen Rassen vermischten. So finden wir bei archäologischen Untersuchungen blonde, große Menschen neben robusteren, dunkelhaarigen, etwas kleineren Personen. Zu diesen beiden Typen ist ein negroider Mensch hinzuzufügen, der seinen Ursprung in der Importierung von Sklaven hat, die nach der Eroberung der Insel stattfand.

Anfangs war Gran Canaria in zehn unabhägangige Kantone unterteilt, die im allgemeinen verfeindet waren und sich um Weldefläche stritten. Zu einem späteren Zeitpunkt wurden diese Kantone miteinander vereinigt und es wurde die Monarchie der 'Guanartemes' (Könige) errichtet.

Die Ureinwohner lebten in Höhlen, die sie mit Steinspitzen perforierten. Waffen stellten sie aus Holz her, Werkzeuge aus Stein, Holz und Ton. Ihre Kleidung bestand aus Tierhäuten von Schwein und Ziege und wurde mit pflanzlichem Material vernäht.

Sie beteten zu Sonne, Mond und Sternen und kannten die Existenz eines guten höheren Wesens an, das sie Alcorac nannten; Gabiot, ein diabolisches Wesen, warde von ihnen gefürchtet.

Die Faycanes waren die religiösen Oberhäupter, die sich mit wirklichem Blat miteinander verbrüdeffen. Ihre Aufgabe war die Eintreibung und Überwachung Getreides.

Die Guayres hatten die militärische und zivile Macht inne und dem Tagorot, einem Rat, stand der Guanarteme und der Faycän vor.

Man hat sich vom einwandfreien Zustand mumifizierter kanarischer Eingeborener überprüfen können (Kanarisches Museum in Las Palmas), denn die Einbalsamierung toter Männer und Frauen war eine normale Verfahrensweise.

Man glaubt, daß 2.000 Jahre ver Christus Seefharer auf die Kanarischen Inseln kamen, die die Inselkultur bereicherten. Im Gegensatz zu dieser Theorie und aufgrund des Studiums archäologischer Pfundstätten gelang man jedoch zu der Überzeugung, daß die ersten Bewohner der Insel nicht vor dem Jahr 50 n.Chr. auf die Inseln kamen.

Die Glücksinseln gerieten im Mittelalter in Vergessenheit, denn die Gewässer, die sie umgaben versetzten die Seefahrer in Angst und Schrecken. Trotzdem versuchten die Italiener im 13. und 14. Jahrhundert die Inseln zu erobern, und die Geschichte spricht später von einer Eroberung durch Lanzarotto Maroncello (ein Name, der später der Insel Lanzarote gegeben wurde).

Unter Anführang von Alfonso IV. von Portugal versuchte eine aus Genuanern, Florentinern und Kastilliern bestehende Expedition gegen Mitte des 14. Jahrhunderts Canarias zu erobern. Im 15. Jahrhundert stritten sich Franzosen, Portugiesen und Spanier um die Vorherrschaft, und es sind die Spanier, die nach vierjährigem Kampf 1483 Gran Canaria der Spanischen Krone einverleiben. Nach allen diesen Auseinandersetzungen wurden die Ureinwohner versklavt und zum spanischen Festland deportiert. Später wurde die Sklaverei abgeschafft und die Kanarier konnten auf ihre Inseln zurückkehren und warden so wie andere Spanier behandelt.

Landwirtschaft

Das subtropische Klima des Inselsüdens erlaubt während beinahe des gesamten Jahres den Anbau von Tomaten, Bananen und einer großen Zahl tropischer Früchte (Jamaika-Apfel, Mango, Avocado, Papaya, usw.) Die außergewöhnlichen Bedingungen machen es möglich, daß Obstbäume wie der Apfel-, der Birnoder der Nußbaum, die eigentlich aus kühleren Gefilden stammen, neben anderen Obstbäumen wie Kirsch-, Orangen-, Öl- und Aprikosenbäumen, die eher Mittelmeerklima erfordern, wachsen.

Aus dieser ganzen Vielfalt an Obstbäumen ragt die kanarische Palme hervor, die das Wahrzeichen des Archipels ist. Sie sucht nach dem blauen Himmel und schafft die schönsten Palmlandschaften. Der Palmeral von Tirajana ist ein gutes Beispiel für dieses Panorama eigenwilliger Vertikalität.

Vegetation und Fauna

Unter den ältesten kanarischen Pflanzen findet man die 'Tajinaste'und die 'Verode' denen die etwas jüngeren Pflanzen wie der Drachenblutbaum und die 'Cardoncillos' folgen. Die Kanarische Pine ist der für Gran Canaria charakteristischste Baum (Ende des Tertiärs). Die vom Mittelmeer stammenden kanarischen Lorbeerbaume fanden hier Bedingungen vor, die fü deren Ansiedlung nur förderlich waren. In den steinigen Bereichen finden der Ginster ein geeignetes Gelände für seine Entwicklung; die Candone und die Pita sind typisch fü die Inseln.

Die Drillingsblume, die für die kanarische Flora wohl typischste Pflanze, schmükt mit ihren verschiedenen Farben die kanarischen Balkone und Höfe. Es gibt rund 2.000 verschiedenen Blumenarten auf Gran Canaria, die nur hier vorkommen.

Innerhalb der lokalen Fauna ist der Kanarienvogel der meistgenannte Vertreter. Der Turmfalke durchstreift den Himmel über den an wilden Tieren reichen Schluchten und Bergen.

Mehr als 70 verschiedene Vogelarten vermehren sich auf unserem Archipel und viele Zugvögel berühren den Boden Gran Canarias um zu überwintern.

Besonders interessant sind die kanarischen Eidechsen, die bis zu 70 cm messen können und wohl schon seit 10 Millionen Jahren auf der Insel leben.

Volksbräuche

Außer den auf den Kanarischen Inseln gefeierten Nationalfeiertagen, gibt es auf Gran Canarias ganz besondere, für diese Insel charakteristische Bräuche wie z.B. das Fest 'Fiesta de la Rama' in Agaete, 'Virgen del pino, - das Fest der kanarischen Schutzheiligen - und das Fest 'Nuestra Señora de la Luz' Unter den für die Insel typischen Sportarten ist 'Lucha canaria' sehr populär. Die Wurzeln dieses Ringkampts reichen bis zu den Ureinwohnern zurück, die persönliche Meinungsverschiedenheiten durch diesen Wettkampf l lösten oder sich einfach nur sportlich miteinander maßen. Arabischen Ursprungs ist der Segelsport mit der Bezeichnung 'Vela Latina', der aufgrund von fremden Einflüssen auf die Kanarischen Inseln kam und hier zahlreiche Anhänger fand.

Die Hahnenkämpfe, die gegen Ende des 17. Jahrhunderts unter den Bewohnern der Insel sehr beliebt waren haben Schritt für Schritt ihre Kenntnisse verbessert.

Der Karneval, der vor nicht langer Zeit wieder zu neuen Leben erwacht ist, erweckt große Begeisterung unter der Bevölkerung und nimmt aufgrund der Beteiligung von Inselbewohnern und Besuchern aus anderen spanischen Provinzen und dern Ausland immer mehr an Bedeutung zu.

Kunsthandwerk

Gran Canaria übt einen besonderen Reiz aus Handwerker aus. Es gibt kanarische Messer in Guía, Galdar Telde, Arucas und San Mateo; in Galdar gibt es Schreinereien, Steinmetze, es werden 'Timples' und für die Region typische Möbel hergestellt; in Gádar und Valsequillo wird gewebt; in Santa Lucia de Tirajana findet man Peddig- und Manufakturkeramik; Körbe, Bürsten und Matten aus Palmblättern findet man in Moya und Ingenio; Peddigrohrkörbe in Valsequillo und Teror; Stickerei, Klöpplerei und Strickwaren in Santa Lucia de Tirajana, Ingenio, Telde, Arucas und Teror; Hersteller von Becken zur Wasserdestillation in Telde; in La Goleta und Hoya de San Juan Blausteinschleifer; kanarische Balkone, Holz- und Granitfiguren in Arucas; Ackergeräte, Arcone und Gegenstände aus gebranntem Lehm in Firgas; Tonwerkstätten in Santa Brigida und Holz- und Eisenobjekte in San Mateo.

Gastronomie

Die kanarische Gastronomie ist sehr vielfältig und basiert auf den Erzeugnissen die Land und Meer liefern. So ist es möglich, in San Nicolas de Torentino fischsuppen und gekochte Mojo mit Morera (Weißer Maulbeerbaum) zu kosten; in ... gibt es Thunfischfilets, Schüsselschnecken mit grünem Mojo und Fisch mit Oberginen; in Santa Lucia de Tirajana findet man lokales Obst, handgeknetetes Brot, Schmalzgebäck, 'Gofio de Millo' und 'Menjunge' (Rum, Bienenhonig und Zitrone); in Arinaga kann man Fische und Frischeste Meeresfrüchte kosten. Intemational berühmt ist das Mineralwasser von Firgas und Teror. Besonderes Interesse in Arucas rufen die Rumbrenner, die Rum aus Zuckerrohr herstellen, hervor.

Im allgemeinen kann man in jedem kanarischen Lokal weßen Käse, kanarischen Eintopf, Kresseeeintopf; 'Ropa Vieja, Schrumpelkartoffeln mit Mojo, kanarischen Sancocho, 'Viejas, 'Cherne, 'Gofio, Schweinshaxe, Kichererbsen, Schweinsbraten usw. zu sich nehmen. Als Nachtisch bietet sich eine Vielzahl tropischen Obstes an, das in jedem Speiselokal präsent ist.

Las Palmas

Las Palmas de Gran Canaria ist die Hauptstadt der Insel und der Provinz Las Palmas und wurde am 24. Juni 1478 von Juan Rejón neben einem üppigen Palmenwald gegründet. Es war die erste kastillische Stadt des Archipels und ist die größte der kanarischen Autonomieregion.

Las Palmas ist eine moderne kosmopolitische Stadt, die ihren zalhreichen Besuchern die Möglichkeit bietet, privilegierte Temperaturen am Strand und während winterlicher Nätche zu genießen.

Der Hafen

Der Hafen "Puerto de la Luz" liegt gegenüber dem Strand "**Playa de las Alcaravaneras**" und war lange Zeit Kastilliens und der drittwichtigste des spa-

Panoramablick des Hafens von Puerto de la Luz.

nischen Reiches. So war er Zeuge großer ozeanischer Unternehmungen und Verbindungspunkt zwischen der alten und der neuen Welt und zwischen Afrika und dem Mittleren Osten. Heute ist der Hafen von entscheidender Wichtigkeit für die internationalen Handelsrouten. Seine Erbanung im 19. Jahrhundert durch den Ingenieur León y Castillo führte zur Vergrößerung der Stadt. An den Kais von **Santa Catalina** und **La Luz** legen Öltanker, Passagierschiffe und Frachter aus aller Welt an. Im Fischereihafen liegen Fischer aus den Ländern, die in den Gewässern des Atlantischen Ozeans ihre Netze auswerfen.

Hafen von Santa Catalina und Einkaufszentrum El Muelle.

Strand von Las Alcaravaneras.

Fassaden der Häuser nah von Park Santa Catalina.

Burg von La Luz.

Castillo de la Luz

Diese Burg wurde im 15. Jahrhundert als Bollwerk gegen die zahlreichen Angriffe durch Piraten und Freibeuter erbaut. Ihr Grundriß beruht auf einem Viereck, an dessen Ecken konische Türme stehen. Die Wände bestehen aus großen Steinblöcken. Die Burg ist unter Leitung des Ministeriellen Abteilung für Kunst restauriert worden.

Typische Fassaden vonPuerto de la Luz.

Der Santa Catalina-Park

Ganz in der Nähe des 'Pueblo Canario', in einem Stadtviertel mit der Bezeichnung "Ciudad Jardin", befindet sich der Doramas-Park, in dem zahlreiche Palmen zwischen üppiger tropischer Vegetation stehen. Hier findet man auch die ganze Farbenpracht der für die kanarischen Inseln typischen Flora.

Park Santa Catalina.

Museum von Néstor.

Park Santa Catalina.   Lolita Plumas

Pueblo Canario

Hierbei handelt es sich um einen der typischsten Orte von Las Palmas. Der Zugang führt durch einen großen Bogen, der ein Wappen mit der Aufschrift 'segura tiene La Palma' trägt. Die Idee, um einen großen verzierten Hof mit Palmen und tropischen Pflanzen eine architektonisches Werk zu errichten, stammt von dem berühmten kanarischen Maler Néstor Martín Fernández. Der entstandene Bau folgt den Regeln der traditionellen kanarischen Architektur.

Teil des Komplexes ist das **Néstor-Museum**, in dem ein breites Spektrum künstlerischer Objekte dieses Malers ausgestellt ist, der im 19. und 20 Jahrhundert lebte.

Der Innenhof zeigt zahlreiche folkloristische Äußerungen, während der Besucher in den Geschäften Objekte typisch kanarischen Kunsthandwerks erstehen kann.

Kanarisches Dorf.

Kanarisches Dorf.

Der Doramas-Park

Ganz in der Nähe des 'Pueblo Canario', in einem Stadtviertel mit der Bezeichnung "Ciudad Jardin", befindet sich der Doramas-Park, in dem zahlreiche Palmen zwischen üppiger tropischer Vegetation stehen. Hier findet man auch die ganze Farbenpracht der für die kanarischen Inseln typischen Flora.

Mitten in diesem Prachtgarten steht das **Hotel Santa Catalina** (Casino der Stadt Las Palmas), ein architektonischer Schatz, der von Miguel Martín Fernández de la Torre, Bruder von Néstor, erbaut wurde.

Hotel Santa Catalina.

Playa de las Canteras

Im westlichen Teil der Meerenge, die den breitesten Teil von Las Palmas mit der 'Isleta' (Inselchen) verbindet und umgeben vom transparenten Wasser des Ozeans, stößt man auf den Strand 'Las Canteras' mit seinem feinen, goldockerfarbenen Sand. Ein natürlicher Damm aus Felsen verhindert große Wellen und gibt dem Besucher die für ein entspanntes Baden notwendige Sicherheit.

Längs der 'Avenida de las Canteras' und parallel zum drei Kilometer langen Strand gibt es Hotels, Apartments, Schanklokale, Restaurants, Diskotheken, usw., die gegen Abend zu einem Spaziergang, zum Abendessen oder zum Tanz bis zum anderen Morgen einladen.

Strand von Las Canteras und Konzerthalls Alfredo Krauss.

Strand von Las Canteras.

Luftaufnahme von Einkaufszentrum El Muelle.

Park Santa Catalina.

Einzelheit von Einkaufszentrum El Muelle.

Luftaufnahme von La Isleta.

Hafen von Santa Catalina.

Vegueta

In dem alten, herrschaftlichen Viertel 'Vegueta' sind zahlreiche alte und gut konservierte Gebäude aus der Kolonialzeit zu bewundern. Ihre Fassaden, Herrschaftswappen und Balkone sind Beispiel für den spanischen Baustil aus der Zeit der Entdeckungen.

Ein gutes Beispiel dafür ist der **Sante-Ana-Platz,** der im 16. Jahrhundert erbaut wurde und das älteste Zentrum dieses Stadt bildete. An diesem rechteckigen Platz findet man das **Rathaus** ('casa consistorial'), die **Kathedrale,** das **Geschichtsarchiv der Provinz** und den **Bischofspalast.**

Die Kathedrale, mit deren Erbauung im 15. Jahrhundert begonnen wurde und deren Fertigstellung 1857 stattfand, stellt das erste spanische Gotteshaus der Kanarischen Inseln dar. Es ist eine Mischung aus gotischen und neoklassischen Elementen. Im Inneren findet man wertvolle Silberarbeiten und Skulpturen namhafter Künstler.

Auf der Rückseite der Kathedrale, mit einer weißen Fassade in spanischem Stil

Typische Fassade von Veguta.

Platz Hurtado de Mendoza und Haus von Colón.

Kathedrale.

Haus von Colón.

und zwei Holzbalkonen, liegt das Kolumbus-Haus, der ehemalige Sitz des ersten Gouverneurs der Insel. Heute hat dieses Haus die Aufgabe Zeugnis abzulegen von der kanarischen Geschichte zur Zeit der Entdeckungen. Oberhalb des Eingangstors bleibt noch ein schönes Wappenschild zu erwähnen. Die Fassade auf der Rückseite zeigt einen gotischen Säulengang mit Basreliefs.

Das Innere des Gebäude beherbergt das **Museum der Schönen Künste,** das **Kolumbinische Museum** und das **Geschichtsarchiv der Provinz.** Ganz in der Nähe des Kolumbus-Haus liegt die **Kapelle des Heiligen Antonius,** in der Kolumbus betete bevor er sich auf seine lange Entdeckungsreise begab.

Fassaden von Vegueta.

Kapelle von San Antonio Abad.

Das Triana-Viertel

Gegenüber dem **Pérez Galdós-Theater** und an dem Ort des alten Marktes von Las Palmas stoßen wir auf die Fubgängerzone der Strabe **Calle de Triana,** in der der Besucher Gegenstände aus aller Welt und Andenken an seinen Aufenthalt auf der Insel erwerben kann. Diese Straße endet am **San Telmo-Park,** in dem die **Militärregierung** ihren Sitz hat. Das Gebäude wurde im neoklassischen Stil erbaut und hat eine Frontfassade aus blauem Stein, der von hiesigen Handwerkern des 19. Jahrhunderts bearbeitetet wurde.

In geringer Entfernun g von der Straße Bravo Murillo findet man das Gebäude'**Casa Palacio del Cabildo Insular de Gran Canaria'**. In der Nummer 6 des Straße Cano

Platz von Cairasco.

liegt das Museum **'Casa Museum de Don Benito Perez Galdos'.** Am Cairasco-Platz stößt man auf das **'Gabinete Literario'**, das 1844 zu Zwecken der Kultur, der Erholung und als Treffpunkt errichtet wurde.

Fassaden von Theater Pérez Galdós.

Triana strasse.

Kiosk im Park San Telmo.

Literaturhaus auf dem Platz von Cairasco.

Arucas

Früher "Arehuc", geweihtes Land, ist Arucas eine fruchtbare landwirtschaftliche Gegend, die zwischen den tiefen Schluchten von San Andres und Tenoya liegt. Hier findet man, so weit das Auge reicht, Bananenplantagen, die stets wesentlich das Schicksal dieses Ortes bestimmt haben. Deshalb kennt man Arucas auch als die Hauptstadt der Bananen und Blumen. Gegenwärtig bringen auch die Gemüsepflanzungen und Treibhausblumen sehr gute Erträge.

'Las Canteras', deren Zweck die Verteilung des Wassers ist und im Dienst des angesehenen Wasserwerks 'Heredad de Aguas de Arucas y Firgas' erbaut wurde, legt Zeugnis von dem hier bestehenden Wasserreichtum ab.

Hinsichtlich der demographisch Stabilität ist dies das drittwichtigste Zentrum der Insel, das sich durch den pittoresken Stil der Inselarchitektur auszeichnet.

Luftaunahme von Arucas.

Das touristisch wichtigste Element ist die **Kathedrale,** die aus dunklem Stein zwischen 1909 und 1977 nach den Regeln purster Neogotik errichtet wurde. Im Innern bewahrt diese Kirche flämische, italienische und kanarische Kunstwerke auf. Der hier ausgestellte **Cristo Yaciente** stammt von dem hiesigen Künstler Mannel Ramos.

Auf großes Interesse stöbt allgemein ein Besuch der **Spirituosenbrennerei Arehucas,** die 1884 gegründet wurde. In ihren Holzfässern lagern drei Millionen Liter Zuckerrohr-Rum, der aus eigenem Anbau stammt, genug um täglich 48.000 Flaschen abzufüllen. Abergessen werden sollen hier nicht der Courié-Park, die Sureda-Pinakothek, das Kulturhaus, der Markt und die blauen Steinbrüche.

Arehucas Schnapsbrenner.

Park Gourié.

Das gemütliche Speiselokal auf dem Gipfel des **Montaña de Arucas** gibt uns Gelegenheit die Augen entzückende Rundblicke zu genießen und zahlreiche Gerichte der typisch kanarischen Küche zu genießen.

In Arucas geht man besonders den Sportarten des 'Lucha Canaria' und dem 'Juego de Palo' nach. Auch erfreuen sich die traditionellen Hahnenkämpfe großer Beliebtheit.

Arbeitseifer und Frömmigkeit des Volkes von Arucas sind seit Menschengedenken bekannt. Die Legende des Stadtwappens erzählt, daß man zu wirklicher Gröbe nur durch Arbeit und Gebet kommt.

Ausblick auf dem Berg Arucas.

Kathedrale von Arucas.

Firgas

Firgas war früher ein Forstgebiet, das durch die extreme Abrodung, um das Gelände als Anbauland zu nutzen, entwaldet wurde.

Durch die Zuckerrohrkrise wuchs der Ort kaum an und war bis zum 19. Jh. von Arucas abhängig, mit dem es sich den Wasserbesitz teilte.

Im 16. Jh. errichtete Tomás Rodríguez Palenzuela hier eine Zuckerfabrik sowie die Wallfahrtskapelle San Juan de Ortega. Nach einem religiösen Ereignis wurde im 17. Jh. das Kloster mit dem Namen San Juan de Ortega gegründet.

Heute bietet Firgas so wunderschöne Sehenswürdigkeiten wie den San Roque Platz, auf dem das **Rathaus** und die **San Roque Kirche** stehen. In der Nähe sind ferner das Haus der Kultur **Casa de la Cultura**, eine **Maismühle** und das **Viehzüchterdenkmal** zu bewundern.

Die Alleen **Paseo de Canarias** und **Paseo de Gran Canaria** werden von abgestuften Kanälen gesäumt und sind mit hübschen Kacheln mit den Wappen und Landschaften verschiedener Orte der Kanarischen Inseln geschmückt. Das Wasser hat stets einen besonderen Stellenwert in der Geschichte dieser Ortschaft gehabt. Heute ist das Mineralwasser von Firgas auf den ganzen Kanaren bekannt.

Paseo de Canarias.

Rathaus und San Roque Kirche.

Maismühle (16. Jh.)

Paseo de Gran Canaria.

Viehzüchterdenkmal.

Agaete

Wenn wir aus Las Palmas auf der nördlichen Schnellstraße hinausfahren, dann begegnen uns fruchtbare Bananenplantagen, die **Silva-Brücke**, die **Gruta de Cenobio de Valerón** (in den Fels gegrabene Höhlen aus der Steinzeit). Nach einer Zeit kommen wir dann zu dem weißen Fischerort Agaete, der sich genußvoll über die grünen Terrassen eines Berges erstreckt.

Gegenüber den betonten Gesteinswänden der Küste erhebt sich ein riesiger Monolith aus dem Meer, der als **'Finger Gottes'** bekannt ist und berühmte Dichter, Bildhauer und Maler inspiriert hat.

Zu Ehren der Marienfigur "Virgen de las Nieves" (die Schutzheilige dieses Ortes) wurde die Kapelle gleichen Namens errichtet, die im Lauf der Zeit restauriert und ver-

Kapelle Ermita del Puerto.

Hohle von Cenobio de Valereón.

Berg von Gáldar.

größert wurde. In dieser Kapelle untergebracht wurde eines der wertvollsten Bildschätze der Insel, das Tríptico, dessen zentraler Teil Maria mit dem Kind zeigt, die heute in der Kapelle **Ermita del Puerto** verehrt wird. Die Seitenteile werden in der Pfarrkirche 'Parroquia de la Concepcion' aufbewahrt und stellen den Heiligen Franziskus von Assisi und den Heiligen Antonius von Padua dar.

Die Feierlichkeiten im Zusammenhang mit der Nieves-Jungfrau sind von "nationalem touristischen Interesse', und sehr populär auf der Insel. Sie beginnen am 4. August mit einem Akt, der **Bajada de la Rama** genannt wird. Die Dorfbewohner und Tausende von Besuchern laufen mit Baumzweigen zum Klang volkstümlicher Musik herab zur Kapelle, wo der Jungfrau Früchte und Blumen dargebracht werden.

Wenn wir eine gute Fischsuppe kosten möchten' dann sind wir am besten an den Stränden 'La Caleta', 'Las Salinas de las Mujeres', 'Guayedra' oder 'Feneroque' aufgehoben.

Hafen Puerto de las Nieves und Roque Partido (Finger Gottes).

Blick von strand und den Hafen.

El Dedo de Dios (Der Finger Gotees).

Teror

In der Nähe von Las Palmas, in einer Entfernung von 21 km, liegt "Villa Mariana", deren Name auf die Verehrung der 'Virgen del Pino', der Schutzheiligen von Gran Canarias, zurückgeht. Am 8. September empfängt dieser Ort aus Anlaß der **Fiesta Mayor** eine große Zahl von Pilgern aus allen Teilen der Insel. Sie finden sich hier teilweise in von Ochsen gezogenen Karren ein, um der Marienfigur ihre Geschenke darzubieten.

Die **Basílica de Nuestra Señora del Pino** vereinigt Gotik, Barock, Neuklassik und Mundejarstil miteinander. Ihr 24 m hoher Turm entspricht dem Baustil Emanuels I. von

Basilika von Nuestra Señora del Pino.

Portugal. Weitere Gebäude von Interesse sind **Museo de los Patronos de la Virgen, Kulturhaus, Stadtbibliothek, Rathaus, Teresa-de-Bolívar-Platz, Monasterio del Císter** und das **Gebäude der Dominikanernonnen**.

Das Handwerk von Teror (Möbel, Hocker, 'Timples', Körbe, etc.) findet in den Balkonen der Häuser, die aus geschnitzter kanarische Pinie bestehen und vor allem entlang der Hauptstraße zu bewundern sind, seinen höchsten Ausdruck.

Namhaft ist das **Wasser von Teror,** das man, in Flaschen abgefüllt, nahezu überall auf der Insel findet.

Rathaus.

Basilika von Nuestra Señora del Pino.

Typische Balkone.

Calle de los Balcones.

Tejeda

Folgt man der kurvenreichen Landstraße, so stößt man in einer Entfernung von 43 km von Las Palmas de Gran Canaria auf Tejeda, dem geographischen Zentrum der Insel, dessen Grenzen den 1.950 m hohen 'Los Pechos' umschließen.

Ganz in der Nähe dieses Ortes liegt der 'Parador de Tejeda'. Hier findet man auch ein Kreuz aus grünen Steinen mit dem Namen **Cruz de Tejeda**.

In Tejeda hat die Landschaft eine faszinierende Dimension. Bei klarem Wetter kann man den Gipfel des Teides (3.718 m) auf Teneriffa sehen, dem höchsten Berg des kanarischen Archipels. Der **Roque Nublo** hebt sich aus einer Landschaft besonderer Schönheit heraus. Die nicht weit entfernten Berge **Roque Bentaiga** und **Roque Fraile** sind Teil beeindruckender Ansichten, die eine grandiose Aufführung bieten, an der Schnee, sonnenbeschienene Gipfel und eine unendliche Zahl an weißen und rosafarbenen Blüten, die von den auf den Hängen stehenden Mandelbäumen stammen, beteiligt sind.

Roque Nublo und Roque Fraile.

Roque Bentaiga.

Blick von Roque Nublo und Pico Teide von Tejeda.

Staatliches Hotel und Kreuz von Tejeda.

Panoramablick.

Roque Nublo und La Rana.

Eselsausritt.

Ausblick von der Unamuno-Warte.

Fataga

Pflicht für die zahlreichen Besucher des Südens von Gran Canaria ist der Aufstieg nach Fataga, einem kleinen kanarischen Landgut nördlich vom Strand El Inglés. Hier werden Aprikosen und Zitrusfrüchte angebaut, die den malerischen Zug der Landschaft hervorheben. Übersät von weißen Häusern und zahlreichen Palmhainen ist dies ein idealer Ort für Freunde der Fotographie. Diejenigen, die aufregendere Aktivitäten suchen, sollten auf einen Kamelritt durch diese Palmoasis nicht verzichten. Landschaft und Gastronomie werden dem Besucher hier ein Erlebnis bieten, an das er sich gerne erinnern wird.

Blick auf Fataga.

Ausruhendes kamel.

Landschaftshaus.

Die Landschaft von Fataga.

Tipische Gastronomie Kanarische.

San Agustín

Die Küste von San Bartolomé de Tirajana ist für Tausende von Touristen der ideale Ort für ihre Ferien oder ständiger Wohnsitz vieler Europäer, die große Teile des Jahres an einem Strand mit warmen und ruhigem Wasser verbringen.

Strand von Las Burras.

Strand von Veril.

Die wichtigsten Strände dieser Gemeinde sind San Agustín, Las Burras, El Inglés und Maspalomas.

San Agustín, der nördlichste Strand, macht mit seinen großen Hotelkomplexen, Bungalows und touristischen Einrichtungen einen sehr modernen Eindruck. Das Klima ist außergewöhnlich gut und Grund dafür, daß die Besucher sich während des gesamten Jahres an dem erfreuen, was die Natur und die touristischen Infrastruktur dieser Region zu bieten haben.

Casino und Hotels in San Agustin.

Sioux city.

Nachtansicht von de straenden.

Strand von San Agustín.

Strand von San Agustín.

Strand von Veril.

Nachtansicht von San Agustín.

Playa del Inglés

Bewegt man sich weiter an der Küste entlang, dann, stoßen wir direkt neben dem Strand von San Agustin auf den Strand 'Playa de las Burras', der jenen Strand von 'Playa del Ingles' trennt. Dieser touristische Bereich hat in den letzten Jahren einen ungeheuren Aufschwung mitgemacht und die Unterbringungsmöglichkeiten in Hotels, Bungalows und Apartments haben sich vervielfacht. Infolge dieser Entwicklung sind die für die Erholung und die Unterhaltung des Reisenden notwendigen Dienste und Einrichtungen entstanden.

Einkaufszentren, Diskotheken, typische Restaurants, Clubs, Schwimmbäder und

Playa del Inglés.

eine Vielzahl von Sportstätten und Freizeiteinrichtungen machen möglich, daß unsere Besucher sich richtig vergnügen können.

Der Strand ist so ausgedehnt, daß der Strandspaziergänger auf seinen Wegen zwischen Dünen und Leuchtturm von Maspalomas sehr verschiedene Landschaften genießen kann.

Playa del Inglés und Einkaufszentren.

Dunen.

Luftaufnahme von Playa del Inglés.

Einkaufszentrum.

Abendaufnahme von Playa del Inglés.

Strandpromenade.

Einkaufszentrum und strand.

Maspalomas

Dieser ort stellt eine der wichtigsten touristischen Attraktionen der Insel dar und liegt am südlichsten Zipfel der Insel.

Der Name rührt her von der großen Anzahl Tauben, die vom afrikanischen Kontinent nach 'La Charca' kommen, um Körner zu fressen und ihren Durst zu stillen. Nachmittags treten die Tiere dann wieder die Rückreise an. Viele dieser Vögel sind auf der Insel geblieben und sind heute Teil der für die Inselgruppe charakteristischen Fauna.

Die Landschaft von Maspalomas besteht im wesentlichen aus Wanderdünen, deren Aussehen und Lage vom Wind ständig verändert wird.

El Palmeral der Oasis, das Wasser von **La Charca** und die **Dünen** werden von Fachleuten untersucht, um herauszufinden, wie und unter welchen Bedingungen der zum geschützten Naturpark gehörende Raum zu konservieren ist. In **Palmitos Park** wird dem Besucher die Gelegenheit gebo-

See von Maspalomas.

Strand und Dunen von Maspalomas.

Leuehturm.

Dunen.

Strand.

Hotels und Geschafte von Maspalomas.

Strand promenade.

Dunen von Maspalomas.

ten, die aus aller Welt stammende Pflanzen und Tiere, die sich an das privilegierte Klima angepaßt haben, zu bewundern.

Auf dem am weitesten meereinwärts gelegenen Punkt der Küste befindet sich der **Leuchtturm,** dessen Signale für die transozeanischen Routen von großer Wichtigkeit sind.

Rund um diese natürliche Schönheit ist eine Infrastruktur mit gemütlichen und modernen Hotels und Apartments entstanden, die einen angenehmen Aufenthalt der Touristen sicherstellen, die vor allem aus europäischen Ländern anreisen, um hier im Kontakt mit dem feinen, goldgelben Sand ihren Urlaub zu verbringen.

Palmitos Park.

Palmitos Park.

Wasserpark.

Leuchtturm, Golfplatz und Freizeitzentrum von Maspalomas.

Costa Meloneras.

Costa Meloneras.

Patalavaca

Ist eine Touristenanlage in der nahe von **Arguineguín** (An der Kuste mit einem Klainen Fishenhafen), Mit einem Kunstlichen Strand mit denn Namen **playa de la Verga,** Es ist eine Gegend mit modernen Luxushotels die mit Steine von Meer dekoriert wurden.

Der hafen von Arguineguín und Hotels.

Puerto Rico

Jeder Besucher kann sicher sein, daß er an diesem Ort Sonne und Ruhe vorfinden wird. Es gibt auf Gran Canaria keinen Ort, an dem man so sicher sein kann, daß die Sonne scheint wie in Puerto Rico. Die Hotels und Apartments stehen am Rand einer Schlucht, die über einen herrlichen Strand, der der Traum jedes Badenden ist, zum Meer führt. Der Sporthafen beherbergt zahlreiche Schiffe, führt sportliche Aktivitäten durch und bietet Segelkurse für Anfänger und Fortgeschrittene an. Der Wassersportfreund wird auf Gran

Puerto Rico.

Canarias, einer Insel, die von den treusten Besuchern der Kanarischen Inseln immer wieder besucht wird, unvergeßliche Ferien verleben.

Luftblick.

Sporthafen und strand.

Taurito

Ist eine Schlucht mit einer Touristenanlage grenzend am Meer, Mit einem Sandstrand der es erlaubt eine schoenen Badctag zu verbringen. Des fur die Gaste von den Hotels und Apartaments zu Verfugung stelt.

Strand von Taurito und Hotels.

Mogán

Zu finden ist dieser Ort in der gleichnamigen Schlucht. Dieses Küstendorf ist einer der wichtigsten Fischerorte der Insel und bietet sich seinen Besuchern auf zweierlei Weise an; auf der einen Seite, das Dorf Mogan, dessen größter Reichtum aus dem Anbau von Gemüse und tropischem Obst erwächst, und zum anderen, der Hafen mit einer Aufnahme fähigkeit von 250 Sport- und 150 Fischerbooten.

Puerto Mogán zeigt uns eine Architektur deutlich spanischen Stils. Die Fußgängerstraßen und öffentlichen Plätze sind mit vielfarbigen Balkonen verschönert. Die durch Bögen miteinander verbundenen

Hafen von Mogán.

Fassaden mit Blumen in zahlreichen Farben geben dem Ganzen einen liebenswürdigen Stil. Die Wohnhäuser werden nach oben von Dachterrassen abgeschlossen, die mit ungezählten Topfpflanzen und kleine Bäumen ausgeschmückt sind.

Am Kai liegen neben den Sportbooten viele kleine in lebendigen Farben angemalte Boote, die jeden Tag aufs Meer hinausfahren um die Speiselokale des Hafens mit frischem Fisch zu versorgen. Die typischsten Gerichte sind Fischsuppen und Thunfischfilets.

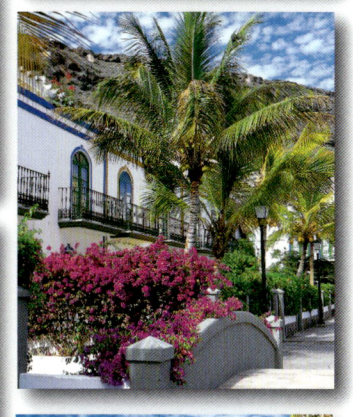

Mogán und Hafen von Mogán.

Inhaltsverzeichnis

Gran Canaria *3*
Las Palmas *6*
El Puerto *6*
Castillo de la Luz *8*
El Parque de Santa Catalina *9*
Pueblo Canario *11*
Parque de Doramas *13*
Playa de Las Canteras *14*
Vegueta *18*
Barrio de Triana *20*
Arucas *22*
Firgas *26*
Agaete *28*
Teror *32*
Tejeda *34*
Fataga *38*
San Agustín *40*
Playa del Inglés *44*
Maspalomas *48*
Patalavaca *58*
Puerto Rico *59*
Taurito *61*
Mogán *62*